LA RESPONSABILITÉ

DES

Maîtres de Lavoirs

EN MATIÈRE DE VOLS & DE DÉTÉRIORATION
DE LINGE

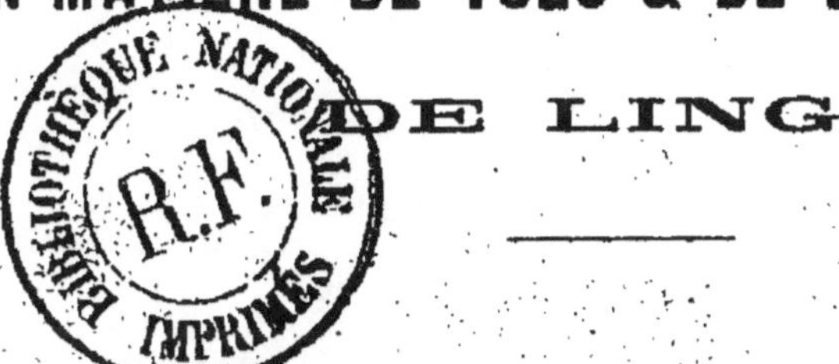

RECUEIL DE JUGEMENTS

Rendus de 1889 à ce jour

Prix : Un franc.

PARIS

BULLETIN DES LAVOIRS, BAINS & BLANCHISSERIES

18, Rue Clauzel, 18

1902

LA RESPONSABILITÉ

DES

Maîtres de Lavoirs

EN MATIÈRE DE VOLS & DE DÉTÉRIORATION

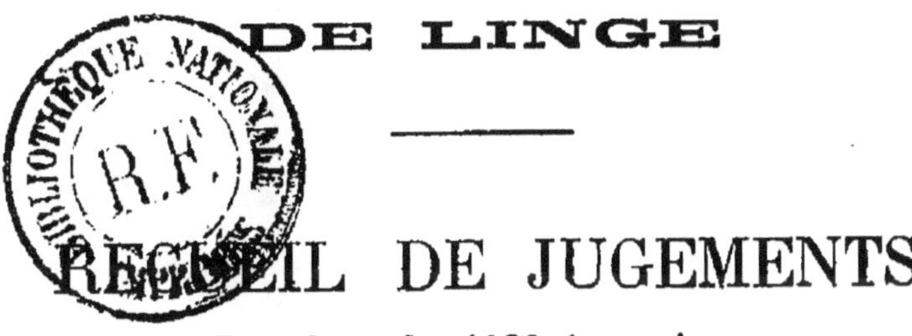

DE LINGE

RECUEIL DE JUGEMENTS

Rendus de 1889 à ce jour

Prix : Un franc.

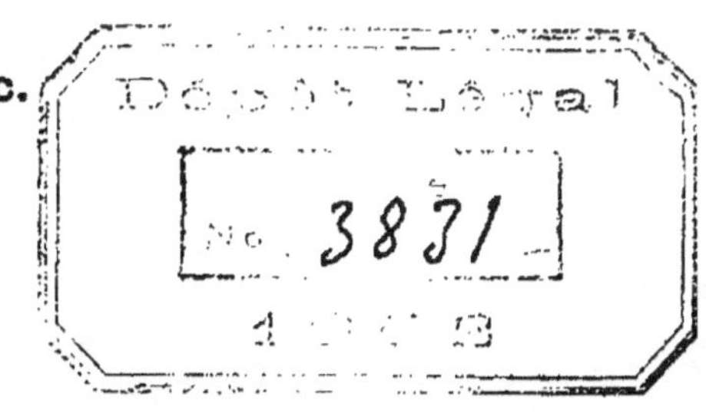

PARIS

BULLETIN DES LAVOIRS, BAINS & BLANCHISSERIES

18, Rue Clauzel, 18

—

1902

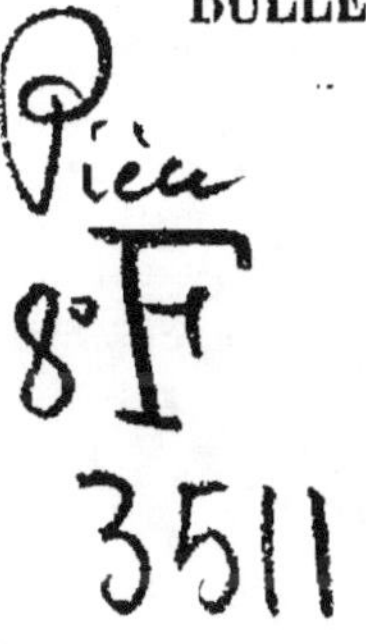

VOLS DANS LES SÉCHOIRS

TRIBUNAL DE PAIX DE PARIS

(XVIIIᵉ ARRONDISSEMENT)

4 octobre 1895.

Présidence de M. Léger.

SÉCHOIR. — VOL DE LINGE. — NON RESPONSA-
BILITÉ DU MAITRE DE LAVOIR.

*Le maître de lavoir ne saurait être rendu
responsable que de vols commis dans un
séchoir commun ; lorsque le vol a eu lieu
dans un séchoir particulier, dont la
cliente a seule la clef, sa responsabilité
n'est pas engagée.*

Vve Monseur c. Cottin.

Le Tribunal,

Attendu que la dame Vve Monseur réclame au sieur Cottin la somme de cin-
quante-deux francs dix centimes, valeur

du linge qui lui aurait été volé dans le séchoir dépendant du lavoir de ce dernier, sis à Paris, rue Bachelet, n° 5 ;

Attendu que le sieur Cottin ne nie pas le vol, mais se borne à décliner toute responsabilité ;

Attendu que le séchoir, qui est indépendant du lavoir, est divisé en divers séchoirs particuliers et que si Cottin a la clef du séchoir principal chaque personne qui se sert d'un séchoir particulier a seule la clef de ce séchoir et est à même de prendre toutes précautions pour prévoir toute soustraction ;

Attendu que, dans ces conditions, Cottin ne saurait être responsable de tout vol commis dans chaque séchoir particulier comme il aurait pu l'être si à défaut de séchoir particulier, le linge était placé dans un séchoir commun ;

Attendu que la dame Vve Monscur reconnaît qu'elle avait placé son linge dans un séchoir particulier dont elle avait seule la clef, qu'il en résulte que si du linge a disparu de ce séchoir elle ne peut s'en prendre qu'à son manque de précaution et de vigilance ;

En ce qui concerne la demande reconventionnelle ;

Attendu que cette demande n'a aucune raison d'être ; que le sieur Cottin ne l'a formée que pour se réserver un moyen d'interjeter appel au cas où une condamnation serait prononcée contre lui.

Par ces motifs, statuant en premier ressort, déboute la dame Vve Monseur de sa demande principale et le sieur Cottin de sa demande reconventionnelle, et attendu que tous deux succombent dans leur demande,

Fait masse des dépens qui seront supportés par moitié par chacune des parties.

————

TRIBUNAL CIVIL DE LA SEINE

(7ᵉ CHAMBRE)

28 février 1899.

Présidence de M. Moré.

SÉCHOIR. — CONTRAT DE LOCATION. — VOL.

En cas de location à la journée ou au mois d'un séchoir à un seul locataire, qui est détenteur de la clef, la responsabilité du maître de lavoir ne pourrait être engagée que s'il avait manqué aux dispositions imposées aux bailleurs par l'article 1719 et suivants du Code civil.

Lamothe c. dame Lefranc.

Le juge de paix du XIIIᵉ arrondissement avait jugé que le fait par un maître de lavoir d'accepter du linge dans un séchoir, dont le client a la clef, constituait un contrat de dépôt.

Sur appel, le Tribunal civil a rendu le jugement suivant :

Le Tribunal,

Attendu que Lamothe est appelant de deux jugements du tribunal de paix du XIIIe arrondissement de Paris, en date des 20 mai et 18 juin 1898, qui l'ont condamné à payer à la dame Lefranc la somme de 123 francs, avec intérêts et dépens ;

Au fond, attendu que la comparution des parties qui a eu lieu a donné au fait dont se plaignait l'intimée son véritable caractère ; attendu, en effet, qu'il résulte des explications recueillies de part et d'autre que Lamothe est propriétaire d'un établissement important ; que cet établissement est divisé en un certain nombre de petits locaux dénommés séchoirs ; que chacun de ces séchoirs est loué à la journée ou au mois à un seul locataire qui est détenteur de la clef ; que c'est ainsi que l'intimée avait, dans la matinée du 4 mai 1898, apporté dans l'un des séchoirs de l'appelant le linge dont une partie a été volée ; attendu dès lors qu'il ne pouvait être question d'appliquer à l'espèce soit l'article 1928 du Code civil, soit encore moins les dispositions législatives des articles 1952 et 1953 du même

Code ; que la responsabilité du maître de lavoir ne pourrait être engagée que s'il avait manqué aux dispositions imposées aux bailleurs par l'article 1719 et suivants du Code civil ; et qu'il n'en pourrait être ainsi que si une faute lourde était relevée à sa charge ; or, attendu que l'intimée n'a rapporté la preuve ni qu'elle eût fermé la porte à clef en quittant le séchoir qu'elle aurait pris en location, ni que le vol fût imputable à une personne d'ailleurs suspecte, ni que Lamothe se fût rendu coupable d'un défaut de surveillance, ni enfin et surtout que le vol dont elle se dit victime eût été commis par une personne étrangère au lavoir ; attendu au surplus qu'étant donné le nombre très grand de personnes qui pénétraient dans l'immeuble de l'appelant, il lui eût été impossible d'interroger chacune d'elles sur le motif de son entrée dans ledit immeuble. La Cour dit qu'il a été bien appelé, mal jugé ; décharge Lamothe de la condamnation prononcée contre lui en principal, intérêts et frais et condamne Mme Lefranc à tous les dépens.

Plaidants : M⁰ Emile Roger, avocat pour le maître de lavoir.
M⁰ Weber pour Mme Lefranc.

TRIBUNAL DE PAIX DE PARIS

(IIIe ARRONDISSEMENT)

18 mai 1899.

Présidence de M. Picot.

LOCATION DE SÉCHOIR. — VOL. — NON RESPONSABILITÉ DU MAITRE DE LAVOIR

Il appartient au client qui loue pour lui seul un séchoir, dont il a seul la clef, de surveiller lui-même le linge qu'il y enferme, ou de prendre les précautions nécessaires, soit au moyen d'une fermeture supplémentaire, soit autrement, pour prévenir toute soustraction.

Mathieu c. Bouvier et Legrand.

Le Tribunal,

Attendu que, par l'exploit du ministère de Me Amédée Vigneron, etc., le sieur Mathieu réclame aux sieurs Bouvier et Legrand la somme de cent francs pour prix de sept draps neufs, etc., etc. ;

Attendu qu'en réponse à cette demande de Mathieu les sieurs Bouvier et Legrand ont formé une demande reconventionnelle de 150 francs de dommages et intérêts qu'ils ont ensuite retirée à la barre ;

Attendu qu'à la demande, Bouvier et Legrand répondent qu'ils ne doivent pas d'indemnité à Mathieu, par suite du vol qui aurait été commis à son préjudice dans le séchoir qu'ils lui ont loué en mars 1899;

Attendu que Mathieu a loué un séchoir pour lui seul, dont il avait seul la clef; que s'il trouvait la fermeture insuffisante, il devait surveiller lui-même le linge qu'il mettait dans le séchoir ou bien prendre les précautions nécessaires, soit au moyen d'une fermeture supplémentaire, soit autrement, pour prévenir toute soustraction;

Qu'il n'y a donc aucune faute à imputer aux défendeurs, par suite du vol dont se plaint Mathieu;

Par ces motifs,

Déclare Mathieu mal fondé en sa demande, l'en déboute purement et simplement et le condamne aux dépens de l'instance, liquidés à vingt-cinq francs cinquante centimes pour les frais de l'expertise qui a été ordonnée pour déterminer la responsabilité de chacune des parties après examen des lieux, si possible, et à cinq francs cinquante-cinq centimes pour le coût de la citation, etc., et ce non compris les frais du présent jugement, et ceux de son exécution s'il y a lieu.

TRIBUNAL DE PAIX DE PARIS
(VI° ARRONDISSEMENT)
19 septembre 1901.
Présidence de M. Malle.

Même espèce que ci-dessus.

Dlle Bordas c. Vve Séguignol.

Le Tribunal,

Attendu que la Dlle Bordas, réclame à la défenderesse la somme de soixante francs représentant la valeur de six draps qui lui ont été dérobés dans le lavoir de la dite défenderesse, le 19 juillet dernier ;

Attendu que ces draps auraient disparu du séchoir dans lequel elle les avait placés moyennant le payement de quarante centimes et dont une clef lui aurait été remise par le maître du lavoir.

Attendu que ce dépôt ne constituait pas un dépôt nécessaire, et ne saurait par suite donner lieu à l'application des articles 1949 et suivants du Code civil ;

Qu'il doit en conséquence être apprécié suivant la convention des parties, que par cette convention tacite, mais certaine, le maître de lavoir n'a pas pris l'engagement de répondre du linge placé dans le séchoir;

Qu'au contraire, par une affiche apposée dans le dit lavoir et dont la teneur est connue de tout le monde, la propriétaire du linge était avertie d'avoir à fermer, au moyen d'un cadenas, la partie du séchoir qui lui était momentanément louée, et que faute par elle de prendre cette précaution, le maître de lavoir déclinait toute responsabilité ;

Que dans ces conditions, il y a lieu de déclarer la Dlle Bordas mal fondée en sa demande et l'en débouter ;

Par ces motifs ;

Jugeant en dernier ressort ;

Déclare la Dlle Bordas mal fondée en sa demande, l'en déboute et la condamne en tous les dépens, et au coût du présent jugement.

TRIBUNAL DE PAIX DE PARIS
(Xᵉ ARRONDISSEMENT)
11 juillet 1900.

SÉCHOIR. — VOL DE LINGE. — CONTRAT DE LOCATION.

Un maître de lavoir qui loue un compartiment de séchoir dont il remet la clef à sa cliente ne saurait être recherché, en cas de vol, que si une faute ou une négligence peut lui être imputée.

Cholat c. Giton.

Le Tribunal,

Attendu que le demandeur prétend que le vendredi matin, 18 mai dernier, après avoir lavé son linge dans l'établissement

tenu par le défendeur, Mme Cholat étendit
dans un séchoir dépendant du dit établissement et dont le sieur Giton lui remit une
clef, une quantité de linge se composant de
six draps sans initiales dont deux avec den-
telle au crochet, quatre chemises de fem-
mes, trois jupons dont deux blancs, trois
pantalons blancs pour femme, deux taies
d'oreiller, une chemise blanche avec dessin
rouge, trois essuie-mains, un tablier de
cuisine en toile blanche, deux camisoles
blanches et une quantité de torchons et de
toilette.

Que Mme Cholat s'étant rendue le sa-
medi suivant à midi dans le séchoir pour
retirer son linge, elle constata à sa grande
surprise qu'il était disparu;

Qu'immédiatement Mme Cholat fit la réclamation de son linge disparu au sieur
Giton, lequel opposa une fin de non recevoir
et déclina toute responsabilité à cet égard;

Que cette manière de faire ne saurait
être prise en considération, attendu qu'il
est seul responsable des objets à lui confiés et déposés à ses bons soins dans son
établissement moyennant rétribution;

Qu'en l'espèce, la clef ordinaire remise
pour la fermeture du séchoir ne peut être
considérée comme une caution suffisante
pour le dépositaire du linge, attendu que
cette clef a été confiée également à de nom-
breuses personnes précédentes;

Qu'en outre à raison de la disposition des locaux de l'établissement, toute personne ayant accès dans le séchoir est forcée de passer devant le bureau et par cela même soumise au contrôle du sieur Giton;

Que, par ces motifs, le demandeur réclame au défendeur la restitution du linge déposé dans le séchoir le 18 mai dernier par Mme Cholat et dont la désignation est sus énoncée, sinon le payement de la somme de cent cinquante francs représentant sa valeur, avec intérêts et dépens;

Attendu que le défendeur conteste formellement la demande et conclut à son rejet, soutenant qu'il a donné en location au demandeur un compartiment du séchoir et lui en a en même temps remis la clef, que cette clef est toujours en la possession du demandeur et que par conséquent le défendeur n'a pas la garde ni la surveillance du linge;

Considérant que, des dires et explications contradictoires des parties en personne, il résulte que le sieur Giton a remis au demandeur la clef du compartiment du séchoir qu'il lui louait;

Que ce dernier étant détenteur de la clef est donc gardien de son linge et qu'il lui faudrait pour rendre le sieur Giton responsable alléguer et prouver ou la faute ou la négligence du sieur Giton;

Que le sieur Cholat ne fait pas et ne

tente même pas de faire ces justifications;

Que dans ces conditions sa demande n'est pas fondée ;

Par ces motifs ;

Jugeant en premier ressort ;

Déclarons le demandeur mal fondé en sa demande, l'en déboutons d'icelle et le condamnons aux dépens ;

Ordonnons l'exécution provisoire du jugement nonobstant appel et sans caution.

TRIBUNAL de PAIX de NEUILLY-s.-SEINE

22 juillet 1901.

Présidence de M. Lair.

SÉCHOIR. — LINGE VOLÉ. — NON RESPONSABILITÉ DU MAITRE DE LAVOIR.

Dès l'opération du coulage terminée, le linge reste forcément en la possession et sous la surveillance exclusive du client et la responsabilité du maître de lavoir est complètement dégagée.

Dame Treppier c. Sémichon.

Le Tribunal,

Attendu que la dame Treppier réclame à Sémichon la somme de cent cinquante francs pour la valeur de linge qui lui aurait été volé dans le séchoir de ce dernier ;

Attendu qu'à la demande, Sémichon répond qu'il ne doit pas d'indemnité à **la** dame Treppier par suite de vol dont **elle** prétend avoir été victime le 20 décembre dernier;

Attendu qu'en effet, il résulte des débats et des explications des parties, que dame Treppier a loué un séchoir pour elle seule, dont elle avait seule la clef; que dès l'opération du coulage terminée le linge reste forcément en la possession et sous la surveillance exclusive du client et la responsabilité du maître de lavoir est complètement dégagée; qu'il appartient donc au client seul de surveiller lui-même le linge qu'il met dans le séchoir ou bien de prendre les précautions nécessaires, s'il trouve la fermeture insuffisante, soit au moyen d'une fermeture supplémentaire, soit autrement, pour prévenir toute soustraction;

Qu'il n'y a donc aucune faute à imputer au défendeur par suite du vol dont se plaint la demanderesse.

Par ces motifs,

Statuant contradictoirement et en premier ressort; déclarons la dame *Treppier mal fondée* en sa demande, l'en déboutons et la condamnons aux frais liquidés à six francs; non compris l'enregistrement du présent jugement.

TRIBUNAL DE PAIX DE PARIS

(IVᵉ ARRONDISSEMENT)

1ᵉʳ août 1901.

Présidence de M. Levasseur.

BAIL. — DÉPÔT. — BATEAU-LAVOIR. — SÉCHOIR. VOL DE LINGE. — DÉPÔT NÉCESSAIRE (NON).

On ne saurait assimiler les maîtres de lavoir aux aubergistes ou hôteliers visés par l'art. 1752 C. civ. auxquels incombe le dépôt nécessaire.

Par suite et spécialement, ils ne sauraient être déclarés responsables du vol, accompli la nuit, du linge déposé par une laveuse dans un séchoir, alors que cette dernière avait à sa disposition exclusive la clef dudit séchoir.

Veuve Drouilly c. Leneru.

Le Tribunal,

Attendu que, par exploit de Mᵉ Katz, huissier à Paris, du 20 juillet 1901, enregistré, la demanderesse fait citer le défendeur en restitution de huit draps et d'une couverture qui lui auraient été dérobés dans le bateau-lavoir du sieur Leneru, situé au Pont-Neuf, sinon et faute de ce faire, en payement de la somme de 125 fr. pour tenir lieu de la valeur desdits objets;

Attendu que le défendeur décline toute

responsabilité à l'égard de ces objets dérobés ;

Attendu qu'il s'agit, pour le Tribunal de savoir si, dans l'espèce, la responsabilité du sieur Leneru est engagée malgré le dépôt à lui fait des objets appartenant à la dame veuve Drouilly ;

En fait :

Attendu que le vol a été commis la nuit avec effraction et que la demanderesse avait la clef du séchoir où elle mettait son linge ;

En droit :

Attendu qu'on ne saurait assimiler les maîtres de lavoirs aux aubergistes ou hôteliers visés par l'art. 1952 C. civ., auxquels incombe le dépôt nécessaire ; que les dispositions de cet article sont strictement limitatives en ce qui concerne l'énonciation des personnes dont la responsabilité entière est engagée pour les objets volés qui leur ont été confiés ; qu'en outre, ce principe est consacré par une jurisprudence constante ;

Attendu que, dans ces circonstances, la demande de la dame veuve Drouilly n'est pas recevable ; qu'il y a lieu de l'en débouter ;

Par ces motifs,

Statuant contradictoirement et en premier ressort ;

Déclare la veuve Drouilly non recevable et mal fondée en sa demande ; l'en déboute et la condamne aux dépens avancés par elle ainsi qu'au coût du présent jugement.

M° E. Thibault av.

———

TRIBUNAL DE PAIX DE PARIS

(XIII° ARRONDISSEMENT)

22 mai 1896.

Présidence de M. Becker.

LINGE EN DÉPÔT. — VOL. — NON JUSTIFICA-TION DU DÉPÔT.

Le maître de lavoir ne pourrait être rendu responsable d'un vol de linge qui se serait produit dans son établissement, qu'autant qu'il serait justifié que le linge lui a été confié en dépôt.

Vve Thirouin c. Canet.

Le Tribunal,

Ouï les parties en leurs explications,

Entendu en sa déposition Sophie Roulin, femme Vautier, âgée de cinquante ans, portière, demeurant à Paris, rue de Tolbiac, 45, témoin non cité ;

Déclaration préalablement faite par ledit témoin de n'être ni parent, ni allié, ni au service des parties et serment prêté de dire la vérité;

Statuant sur le mérite de la demande formée par la veuve Thirouin contre Canet, suivant exploit de Brillié, huissier à Paris, en date du douze mai courant, enregistré;

Attendu que la veuve Thirouin prétend que le vingt-neuf avril dernier, elle a mis à sécher dans les locaux de Canet, moyennant rétribution, une certaine quantité de linge;

Que reprenant partie de ce linge, elle fit remarquer au maître de lavoir qu'elle laissait quatre draps et différentes autres pièces;

Que le même jour, venant pour chercher son linge, elle ne trouva pas ses quatre draps;

Qu'elle réclame aujourd'hui la valeur de ces derniers, soit trente francs;

Attendu que Canet méconnaît formellement que la dame veuve Thirouin ait laissé les quatre draps dans le séchoir;

Attendu que cette dernière prétend qu'en sortant du lavoir elle dit en s'adressant à la dame Canet : « Je viendrai chercher mes draps tantôt »;

Mais attendu que la dame Claire Cousin, épouse du sieur Canet, présente à cette audience, déclare que ce propos ne lui a pas été tenu;

Attendu que la veuve Thirouin maintient

son allégation; que dans cette situation il y a lieu, aux termes de l'article 1360 du Code civil, d'accorder à la demanderesse, comme dernier moyen de prouver son allégation, de déférer le serment à la femme Canet sur le point de savoir si elle ne lui a pas tenu le propos sus relaté;

Attendu que la veuve Thirouin déclare déférer le serment sur ce point à la femme Canet;

Et à l'instant la femme Canet, présente à l'audience, s'avance à la barre et là, en présence de la veuve Thirouin et autorisée de son mari a, la main droite levée, juré et affirmé que la veuve Thirouin ne lui a pas dit, le vingt-neuf avril dernier, en sortant du lavoir « qu'elle viendrait chercher ses draps tantôt »;

Par ces motifs;

Jugeant en dernier ressort;

Donnons acte à Canet du serment prêté;

En conséquence déclarons la veuve Thirouin mal fondée en sa demande contre Canet, l'en déboutons et la condamnons aux dépens taxés à cinq francs quarante-cinq centimes en sus du coût du présent jugement aussi à sa charge.

TRIBUNAL DE PAIX DE PARIS

(VIᵉ ARRONDISSEMENT)

26 avril 1900.

Présidence de M. Muller.

LINGE VOLÉ. — MANQUE DE SURVEILLANCE DE LA CLIENTE. — NON RESPONSABILITÉ DU MAITRE DE LAVOIR.

La responsabilité du maître de lavoir ne saurait être engagée quand la cliente a laissé son linge dans le lavoir sans aucune surveillance et sans l'avoir recommandé ni au bureau ni aux garçons.

Vve Laforce c. Vve Séguignol.

Le Tribunal,

Après remise de la cause ;

Attendu que la dame veuve Laforce réclame à la défenderesse la restitution de trois draps qu'elle lui avait confiés, ou sinon la somme de trente-deux francs soixante-quinze centimes, représentant leur valeur, et plus celle de soixante francs à titre de dommages-intérêts pour réparation du préjudice causé par suite de la perte desdits draps ;

Mais attendu que la dame veuve Laforce ne justifie pas qu'elle ait confié son linge à la garde de la dame veuve Séguignol, maîtresse de lavoir, qu'elle n'a pas donné l'ordre à l'un des garçons de celle-ci de le porter dans l'un des séchoirs fermant à clef qui se trouvent dans le lavoir, ni payé une rétribution quelconque pour la location d'un de ces séchoirs;

Qu'après avoir lavé son linge, elle l'a simplement porté ou fait porter dans un coin découvert du lavoir, à la vue et à la portée du premier venu;

Qu'en cet état, la responsabilité de la maitresse du lavoir n'est à aucun point de vue engagée;

Par ces motifs,

Jugeant en dernier ressort;

Déclare la dame veuve Laforce mal fondée en sa demande, l'en déboute et la condamne en tous les dépens et au coût du présent jugement.

———

VOLS AU COURS DU TRANSPORT

Après coulage

TRIBUNAL DE PAIX DE PARIS

(IVᵉ ARRONDISSEMENT)

14 mars 1889.

Présidence de M. Levasseur.

TRANSPORT DU LINGE APRÈS COULAGE. — VOL. — NON RESPONSABILITÉ DES MAITRES DE LAVOIRS.

Après l'opération du coulage, le linge reste forcément en la possession et sous la surveillance exclusive du client.

C'est une complaisance du garçon de lavoir, en dehors de ses fonctions, de porter le linge au client; par suite, le maître de lavoir ne saurait être rendu responsable

*du dommage causé, à cette occasion, par
son garçon.*

Dame B., blanchisseuse, contre Lhoste,
maître de lavoir et Polin, gérant.

Le Tribunal,

Attendu que Mme B... fait citer L... et
P... en payement de la somme de deux
cent soixante francs, valeur du linge qui
lui a été volé ou en restitution dudit linge ;

Attendu qu'il résulte des débats et des
explications fournies par les parties qu'un
paquet du linge appartenant à Mme B... a
été volé au moment où on sortait du lavoir
pour le livrer ;

Attendu que Mme B... prétend que L...
et P... sont responsables de leur employé
qui chargeait la voiture au moment du vol ;

Mais attendu que si, aux termes de l'article 1884 du Code civil, les maîtres sont
responsables du dommage causé par leurs
domestiques dans les fonctions auxquelles
ils les ont employés, *la responsabilité de
L... et P... ne saurait dans l'espèce être
engagée* ;

Attendu en effet que s'il est d'usage que
les Maîtres de lavoirs prennent le linge à
domicile, ils ne sont nullement tenus de le
reporter ;

Que c'est une complaisance du garçon
de lavoir qui est en dehors de ses fonctions
et qui est obligé de payer quelqu'un pour

le remplacer, porte le linge aux clients desquels il reçoit une rémunération ;

Attendu d'autre part que si le maître de lavoir est responsable du linge qu'on lui donne à couler, opération pour laquelle il remet au client un bulletin constatant le dépôt du linge fait chez lui, il résulte d'un arrêt de la Cour de cassation en date du 26 janvier 1875, qu'une fois cette opération terminée le linge reste forcément en la possession et sous la surveillance exclusive du client et que la responsabilité du maître de lavoir pour toutes les autres opérations est complètement dégagée ;

Par ces motifs, le Tribunal, jugeant en premier ressort, déclare Mme B... non recevable et mal fondée dans ses fins et conclusions.

En conséquence, la déboute de sa demande et la condamne aux dépens du présent jugement.

Ainsi fait, jugé et prononcé en l'audience publique du jeudi 14 mars 1889.

TRIBUNAL DE PAIX DE PARIS

(VII⁰ ARRONDISSEMENT)

4 juillet 1902.

Présidence de M. Pijon.

Même espèce que ci-dessus.

Vve Tabard, blanchisseuse, c. Meyer, maître de lavoir, Vve Angeli, laveuse.

Le Tribunal,

Attendu que Mme veuve Tabard, blanchisseuse, a assigné M. Meyer, maître de lavoir, et Mme veuve Angeli, laveuse, en payement solidaire de deux cents francs de dommages-intérêts à raison de la perte d'un ballot de linge appartenant à ses clients ; qu'elle prétend rendre M. Meyer responsable du fait de son garçon de lavoir, à qui a été confié le linge et qu'elle a poursuivi en même temps Mme Angeli sur laquelle M. Meyer aurait rejeté la faute ;

Attendu en fait que Mme Tabard envoyait au lavoir le linge qui y était lavé par Mme Angeli ;

Attendu que si ce linge y était transporté par le garçon du lavoir, il résulte des explications fournies que c'était à titre de simple tolérance que M. Meyer permettait aux clients de se servir pour ce transport du garçon avec la voiture du lavoir (employée par le patron à d'autres services);

Que M. Meyer ne recevait de ce chef aucune rétribution; qu'il ne donnait aucun ordre à son garçon et que celui-ci était rémunéré par les clients eux-mêmes; que ces conditions résultent très explicitement de l'affiche contenant le règlement du lavoir;

Attendu que l'article 1384 ne reçoit son application que lorsque la faute commise par l'employé, l'a été dans l'exercice des fonctions qui lui sont confiées; que dans l'espèce, le garçon ne se trouvait plus accidentellement l'employé du patron du lavoir;

Attendu que Mme Tabard a déclaré à l'audience renoncer à sa demande contre Mme Angeli;

Par ces motifs,

Déclarons Mme Tabard mal fondée en sa demande, l'en déboutons.

La condamnons aux dépens liquidés à sept francs soixante-cinq centimes pour le coût de la citation seulement en ce non comprise, les frais de ce jugement et ses suites, s'il y a lieu.

———

III

LINGE DÉTÉRIORÉ

TRIBUNAL DE PAIX DE PARIS

(XIᵉ ARRONDISSEMENT)

22 novembre 1899.

Présidence de M. Bailly.

COMPÉTENCE. — LINGE DÉTÉRIORÉ. — CAUSES
DES AVARIES NON DÉTERMINÉES.

*Le non-commerçant est libre de traduire
son adversaire commerçant devant le
Tribunal de commerce ou devant les juges
civils.*

*Lorsque les causes des avaries survenues
au linge confié à un maître de lavoir ne
sont pas déterminées, le doute doit profiter à ce dernier.*

Paul c. époux Merle.

Le Tribunal,

Vu l'exploit de Mᵉ Levassort, huissier à
Paris, en date du vingt-sept octobre dernier, enregistré ;

Parties ouïes dans leurs dires, moyens et conclusions respectifs ;

Vidant notre délibéré :

Attendu que par l'exploit susdaté, le sieur Paul, maitre de lavoir, forme opposition au jugement de défaut rendu par le tribunal de céans, le vingt-sept septembre dernier, au profit des époux Merle, le condamnant à payer à ceux-ci, outre les accessoires, la somme principale de trente-cinq francs à titre de dommages intérêts, pour réparation du préjudice à eux causé par la détérioration d'une certaine quantité d'objets de lingerie ;

Attendu que cette opposition est régulière en la forme ;

Au fond :

Attendu que l'opposant présente tout d'abord un déclinatoire d'incompétence, pris de ce qu'il est commerçant, et que par suite, son adversaire aurait dû le poursuivre devant la juridiction consulaire ;

Attendu que, subsidiairement, il formule contre ses adversaires une reconvention en payement de cent cinquante francs, à titre d'indemnité, pour le préjudice à lui causé par le dénigrement auquel ils se seraient livrés au sujet de la tenue de son établissement ;

Attendu, en droit que quand même l'acte qui donne lieu à la contestation est présumé commercial, par suite de la qualité

de commerçant de celui qui l'a fait ou par
sa nature et indépendamment de la pro-
fession de la personne dont il émane, la
partie à l'égard de laquelle l'acte n'est pas
commercial a le choix de la juridiction ;
qu'elle est libre de traduire son adversaire
devant le Tribunal de commerce ou devant
les juges civils ;

Attendu que cette doctrine, corroborée
par la jurisprudence, est basée sur le rai-
sonnement suivant : le défendeur a dû
s'attendre à être soumis à la juridiction
commerciale, et ce même défendeur n'a
pas dû compter que celui avec qui il trai-
tait entendît se rendre justiciable du Tribunal consulaire pour un engagement qui,
de sa part, n'était pas commercial ;

Attendu qu'en l'état, les époux Merle,
n'ayant sans contredit accompli aucun acte
de commerce en confiant au sieur Paul
leur linge pour le lavage, ont valablement
porté leur réclamation devant nous ;
qu'ainsi il convient de repousser le déclinatoire proposé par le demandeur à la
présente opposition ;

Et attendu que les éléments du litige ne
permettent pas de déterminer sérieuse-
ment à qui et à quelles causes sont impu-
tables les avaries dont se plaignent les
époux Merle ; que le plus grand doute
existe à cet égard, et que, suivant les rè-
gles les plus élémentaires de la justice et

de l'équité, ce doute doit profiter au sieur Paul, défendeur à la présente instance;

Attendu, d'autre part, que les faits sur lesquels celui-ci base sa demande reconventionnelle ne sont assortis d'aucune preuve;

Vu l'article 130 du Code de procédure civile;

Par ces motifs;

Statuant par jugement contradictoire en premier ressort;

Admettons l'opposition du sieur Paul, et rejetant le déclinatoire d'incompétence par lui proposé, mettons à néant les condamnations prononcées contre lui par le jugement entrepris;

Déboutons le demandeur à l'opposition de ses conclusions reconventionnelles;

Et condamnons les époux Merle aux dépens de première instance et d'opposition.